Dico
dingo

© Éditions Nathan (Paris-France), 1996, pour la première édition
© Éditions Nathan (Paris-France), 2005, pour la présente édition
Loi n° 49956 du 16 juillet 1949 sur les publications destinées à la jeunesse
ISBN 978-2-09-250702-5
N° éditeur : 10153671 - Dépôt légal : septembre 2008
Imprimé en France par Pollina, 85400 Luçon - n° L47624

PASCAL GARNIER

Dico
dingo

Illustrations de Jochen Gerner

un

Catastrophe !

Mais où l'a-t-elle rangée ?...

Le petit Robert jette un coup d'œil circulaire à sa chambre parfaitement ordonnée. Sa mallette, son indispensable fourre-tout où il accumule les bouts de ficelle, les vieux ressorts, les bouchons, les clous tordus, les cadenas sans clés, tout ce qu'il ramasse dans la rue, ses trésors, où sa mère a-t-elle bien pu la ranger ?

C'est que chez les Robert, on ne rigole pas avec l'ordre et la propreté. Comme dit le père : une place pour chaque chose et chaque chose à sa place. Sur son bureau, les crayons sont toujours alignés dans la boîte marquée « Crayons », les papiers empilés dans le tiroir à papier, les gommes posées dans le panier à gommes et les livres rigoureusement classés par ordre alphabétique dans la bibliothèque, si serrés que pas une poussière ne pourrait s'y glisser.

Mme Robert est aussi maniaque que son mari. Elle passe son temps à arranger, organiser, ordonner tout ce qui lui passe entre les doigts. Dans sa cuisine, la boîte marquée « F » ne peut contenir que de la farine, celle avec un « C », du café et rien d'autre, ainsi de

suite. Pour le « S », c'est plus diffi-cile : sucre ou sel ?... Voilà des années que Mme Robert se pose la question. Comme elle n'a pas trouvé de solution, eh bien on mange sans sucre ni sel.

L'important, chez les Robert, c'est que tout soit parfaitement en place de la cave au grenier. Il faut qu'on puisse retrouver les yeux fermés le lit, le fau-teuil ou le canapé et, pour être sûr qu'ils ne puissent pas bouger, M. Robert les a même vissés au plancher.

Malheureusement, le petit Robert, que ses parents ont prénommé Robert (Robert Robert, on ne peut pas se tromper), est, au grand désespoir de ses parents, plutôt... désordonné. Il lui arrive souvent de partir pour l'école avec deux chaussures du même pied,

de mettre ses habits du dimanche un lundi, de ranger ses jouets dans le panier à linge et son linge dans le coffre à jouets. Si elle ne risquait pas de faire des taches, Mme Robert en pleurerait et son mari s'en arracherait les cheveux s'il ne se les faisait pas couper à ras pour plus de commodité.

Quelques minutes plus tard, après avoir mis sa chambre sens dessus dessous, Robert aperçoit soudain la fameuse mallette.

Ah ! la voilà, en haut de l'armoire !

Il tire une chaise, grimpe dessus, mais il lui manque encore dix bons centimètres. Quatre à quatre il dévale l'escalier jusqu'au rez-de-chaussée et va chercher le gros dictionnaire dans le bureau de son père.

Bras tendus, sur la pointe des pieds, il atteint la mallette quand la chaise se met à trembler, vacille et... PATA-TRAS !... chaise, petit Robert et dictionnaire, tout tombe par terre.

La chaise n'a presque rien, le petit Robert à peine un bleu aux genoux, mais le dictionnaire ! Il y a des mots partout, comme un sac de billes renversé, des noms communs, des noms propres, des mots simples comme « bonjour » et d'autres très compliqués, comme « zygomatique, xérodermie, yttrialite », etc. Catastrophe ! on dirait des insectes grouillant sur le parquet, des chenilles noires qu'on n'ose pas toucher tant elles sont longues et sinueuses. D'autres mots plus courts, comme « ah ! eh ! », sautent, pareils à des puces, dès qu'on veut les attraper. Quelle histoire ça ferait si son père ou sa mère entrait à l'instant dans sa chambre !

Tant bien que mal, Robert ramasse ce qu'il peut et remet tout en vrac entre les pages du dico. Heureusement qu'il n'y a pas de gros mots, il n'aurait jamais pu le refermer. Il reste bien quelques « tétragone, clafoutis, mobylette, alpaga », etc. qui traînent encore par-ci par-là, mais on les utilise tellement rarement que personne ne s'en apercevra.

deux

Alpaga, paillasson

Sept heures trente, il a enfin terminé. Ouf ! il était temps. Il vient à peine de glisser à la lettre « D » le gros dictionnaire illustré sur l'étagère que, dans l'entrée, la sonnette se met à tinter. Ce sont les Azertyuiop qui viennent dîner.

On se serre la main, on s'embrasse, on essuie bien ses pieds et on s'aventure sur le parquet ciré de la salle à manger.

M. Azertyuiop est un collègue du père de Robert. Il est très grand, très maigre, très noir, avec une petite tête ronde juchée au-dessus de ses épaules comme un point sur un « I ». C'est tout le contraire de sa femme, aussi ronde qu'un « O » majuscule en caractère gras.

Avec eux, pas un mot plus haut que l'autre, il faut parler tout bas, comme à l'église.

À présent, tout le monde est installé autour de la table, assis du bout des fesses sur des chaises aussi maigres que de vieilles chèvres. Comme toujours dans ces cas-là, on ne sait pas par où commencer, on pianote du bout des doigts, un peu gêné.

C'est M. Robert qui se jette à l'eau.

– Chérie, si tu servais l'alpaga à nos

invités avec quelques ampoules farcies et des tranches de mobylette ?

Mme Robert écarquille les yeux.

– Pardon ?

– Je te demande si tu veux nous servir l'alpaga avec des ampoules farcies et des tranches de mobylette, qu'y a-t-il d'étonnant à ça ?

– Tu peux répéter ?

M. Robert commence à devenir tout rouge.

– Mais enfin, Arlette, sers-nous l'alpaga, des ampoules et de la mobylette !

– Et pourquoi pas du cerf-volant avec une bonne couche de serpentin ?

– Parce que ça me fait mal au foie, tu le sais très bien.

Le petit Robert regarde ses parents tour à tour. « Aïe, aïe, aïe ! Je n'ai sans doute pas remis tous les mots au bon endroit ! » Mais il est trop tard. Entre son père et sa mère, le ton monte.

– Mal au foie, toi !... Tu es capable d'avaler un paillasson entier arrosé de quatre ou cinq lessives !

– Mais qui te parle de paillasson ? Sers-nous donc l'alpaga au lieu de badigeonner n'importe quoi ! Il y a de quoi devenir corne de brume !

– Corne de brume toi-même ! Espèce de... de...

Mme Robert cherche le mot mais celui-ci a dû rester coincé entre les lames du parquet de la chambre de Robert.

– De... de napperon ! C'est ça, tu n'es qu'un napperon !

Le petit Robert se fait encore plus petit, pas plus gros qu'une punaise enfoncée sur son siège. M. et Mme Azertyuiop se lancent des coups d'œil embarrassés. M. Robert se lève de table, prêt à éclater.

– Tu n'as pas honte de me traiter de napperon devant nos invités ! Tu ferais mieux d'appeler le plombier, tu as sûrement un rapporteur sous le couvercle !

– Comment oses-tu ! C'est ça, appelons le plombier, on verra qui est le plus galipette de nous deux !

Mme Azertyuiop tente d'intervenir en toussant dans son poing.

– Je vous en prie, alpaga, paillasson, aucune importance. Mon mari et moi sommes au régime. Un doigt de sparadrap et deux ou trois épuisettes nous font un repas. N'est-ce pas, Jules ?

– Absolument, Julie. Cela dit, je préfère le paillasson de Mme Robert à tes épuisettes.
– C'est la meilleure, celle-là ! La dernière fois tu m'as dit que le paillasson de Mme Robert était bien trop globulaire.

À ces mots, la maman de Robert oublie instantanément la dispute avec son mari et se tourne vers Mme Azertyuiop.

– Trop globulaire, mon paillasson ?

– Parfaitement, trop globulaire et même un peu gourbi.

– Un peu gourbi ?... Il vaut mieux être bigorneau que d'entendre ça. C'est vrai que quand on se nourrit d'épuisettes interlignes…

– Madame Robert, je ne vous permets pas !...

M. Azertyuiop lève la main en signe d'apaisement.

– Allons, allons, mesdames, il n'y a pas de quoi se mettre dans un tel clafoutis ! Vous êtes aussi patinettes l'une que l'autre…

– Ah ! ça suffit, Azertyuiop ! Traitez

votre femme de patinette si vous voulez, mais pas la mienne ! Il ne faudrait quand même pas dépasser les brochettes !

À présent tout le monde est debout et gesticule en postillonnant. Tout le monde sauf le petit Robert qui donnerait tout pour être ailleurs. Les insultes les plus saugrenues commencent à voler au-dessus des têtes : « Tétragone ! Vestibule ! Ripolin ! Papyrus !... » Tant et si bien que les Azertyuiop reprennent leurs cliques et leurs claques et quittent les Robert sans un au revoir, le menton haut.

trois

Pire qu'une bombe atomique

L'ÉCHO de la porte claquée dans leur dos résonne un moment dans l'entrée. M. Robert fait mine de se laver les mains.

– Bon gribouillage ! Qu'est-ce que c'est que ces mirlitons ? Non mais alors, on boursicote les gens chez eux ! On aura tout vu !…

Tandis que Mme Robert, alertée par

une soudaine odeur de brûlé, se précipite dans la cuisine, M. Robert allume
la télé, histoire de se calmer les nerfs.
Il n'a pas le temps de se laisser tom-
ber dans le canapé que le téléphone se
met à sonner. Il décroche en bougon-
nant.

– Olé ?... Olé... Salami, belle-
maman, salami... Comment ?... Mais
non, je ne bassine pas l'épagneul, je...
c'est ça, je vous la passe... Salami,
belle-maman.

M. Robert lève les yeux au ciel et
crie en direction de la cuisine :

– Arlette, c'est ta confiote ! Elle est
encore plus tamponnée de la fiche que
d'habitude, elle croyait que je bassi-
nais l'épagneul !

Mme Robert sort de la cuisine en
s'essuyant les mains à son tablier et

attrape le combiné que lui tend son mari.

– Veux-tu te taire ! Et baisse un peu l'aquarium, s'il te plaît… Ali, Baba ?… c'est moi, oui, comment vas-tu ?…

M. Robert hausse les épaules et s'apprête à s'asseoir quand il se tape sur le front.

– Zut ! J'ai oublié de garer le potiron dans l'igloo.

Il disparaît, laissant le petit Robert seul devant l'écran bleuté de la télé. Là, apparemment, tout semble normal. Mais c'est difficile à dire puisqu'il s'agit d'un débat politique. Deux députés, la cravate dénouée, l'œil allumé, se lancent au visage des chiffres et des formules que personne ne comprend, comme d'habitude. Robert zappe et là, tout s'aggrave.

Qu'il s'agisse d'un jeu, d'un film ou même d'un documentaire animalier, de chaîne en chaîne, le monde se déchaîne. Personne ne comprend plus personne et chacun veut convaincre l'autre. La planète entière semble avoir attrapé le virus. Écœuré, Robert coupe la télé.

« Mon Dieu, mon Dieu ! Tout ça est ma faute !… À cause de ce fichu dictionnaire, j'ai mis le monde à feu et à sang, j'ai déclenché la Troisième Guerre mondiale. Je suis pire qu'une bombe atomique. »

Son secret est trop lourd, il faut qu'il se confie à quelqu'un. Mais à qui ?… Félix, bien sûr ! Son vieux copain Félix qui habite le pavillon mitoyen. Il leur arrive souvent de communiquer à l'aide d'un talkie-walkie d'une maison

à l'autre en cachette de leurs parents.
Robert fonce dans sa chambre et lance
son s.o.s.

— Allô ! Tango Charly, répondez !

Au bout de trois ou quatre appels de
détresse, la voix nasillarde de Félix lui
parvient au milieu des crachotements
de l'appareil.

— Allô, ici Tango Charly, je vous
reçois cinq sur cinq. Parlez.

— Félix ! Tu… tu vas bien ?

— Ben oui.

— Et tes parents ?

— Mes parents aussi. Pourquoi ?

— Tout est vraiment… normal ?

— Parfaitement. On s'apprêtait à
jouer au Scrabble.

— Au Scrabble ?

— Oui, la serpette est en panne,
on s'est dit qu'on pourrait sarcler

la patache pendant une paire de béquilles.

Robert ouvre la bouche mais aucun son n'en sort. Félix, son vieux copain Félix, contaminé, lui aussi ! Et ses parents !... S'ils se mettent à jouer au Scrabble, ils vont s'entre-tuer. Il faut absolument les en empêcher !

– Félix, écoute-moi bien. Il ne faut pas que vous jouiez au Scrabble. Il ne faut surtout pas !...

– Mais qu'est-ce qui te prend, Robert, tu virgules de la girouette ou quoi ?.:.

Que dire ?... que faire ?... la police ?... les pompiers ?... C'est inutile, personne ne l'écoutera, personne ne le comprendra, c'est comme s'il était en Chine, en Papouasie ! Robert se sent aussi seul que s'il venait de débarquer sur la planète Mars.

Mais une clameur venant de la rue stoppe net le flot de larmes qui commence à lui brûler les yeux. Il se précipite à la fenêtre. Devant la maison, la voiture de M. Robert bloque la circulation. Celui-ci est aux prises avec une meute d'automobilistes tous plus menaçants les uns que les autres. Il n'y a plus à hésiter. Tant pis pour les cadeaux de Noël, les punitions à venir, il y va du sort de l'humanité.

Épilogue

Au rez-de-chaussée, la mère de Robert est toujours en train de postillonner dans le téléphone. Elle est tellement empêtrée dans sa conversation loufoque qu'elle n'a pas entendu le concert d'éclats de voix et de klaxons venant de la rue. Robert se catapulte hors de la maison. Au prix d'efforts démesurés il parvient à tirer son père hors de la mêlée qui transforme la rue en un véritable champ de bataille. Une fois chez eux, il débranche le téléphone, obligeant sa mère à revenir sur terre et, la tête basse, leur avoue la cause de tout ce chaos : la mallette, la chaise, le dictionnaire.

Son père ouvre la bouche mais pose aussitôt sa main dessus. Le moindre mot serait un mot de trop. Il n'y a plus qu'à se mettre au travail, passer la maison au peigne fin puis classer et ranger les mots un par un, page après page.

M. et Mme Robert ont beau être experts en tâches ménagères, ils y passent la nuit. Au petit jour, tout est rentré dans l'ordre, ou presque. Il manque encore certains mots, comme : « Corne de brume, tétragone, Ripolin,

papyrus », etc. Mais c'est peut-être aussi bien comme ça.

D'un commun accord, personne n'a plus parlé de cette étrange soirée. Les Azertyuiop et les Robert se sont réconciliés. Dans la maison, chaque chose est à nouveau à sa place.

Il arrive parfois que l'un d'eux, à la recherche de son parapluie par exemple, demande :

– Quelqu'un sait où est mon artichaut ?

Dans ce cas-là on se contente de sourire et ce petit grain de folie donne un peu de soleil dans la vie si bien rangée de la famille Robert.

TABLE DES MATIÈRES

un

Catastrophe !..............................7

deux

Alpaga, paillasson 17

trois

Pire qu'une bombe atomique 27

Épilogue................................37

Pascal Garnier

Pendant longtemps, j'ai été nul en orthographe et je crois bien l'être toujours un peu. Mais c'est grâce à ce vilain défaut que j'ai fait, pour m'aider à écrire, la plus belle rencontre du monde : le dictionnaire. Si je n'avais qu'un livre à emporter sur une île déserte, ce serait celui-là. Les mots sont vivants, certains meurent, d'autres naissent, chacun a son histoire. C'est de là qu'est venu Dico dingo, juste pour le plaisir de jongler avec eux. On dit que la poésie, c'est deux mots qui se rencontrent pour la première fois.

Jochen Gerner

Il aime dessiner des alphabets et collectionner des mots bizarres. Il les déniche dans de gros dicos, les petits poches ou les manchettes de journaux. Puis il range tout cela dans son sac à dos. Parfois, il vide ses paquets de mots dans un robot-illustrateur automatique… Grâce à cette diabolique invention, Jochen fait croire qu'il travaille beaucoup. Quel escroc !

Découvre d'autres histoires dans la collection
nathanpoche 6-8 ans

HUMOUR

▷ Série *Germaine Chaudeveine*
de Clair Arthur, illustrée par Jean-François Martin

Parfum de sorcière

Quelle **puanteur** ! La sorcière se **parfume** au jus d'égout. Sa maison est pleine de flacons aux essences de diarrhées de canards, de rots d'hippopotames, de vomis de papillons... Un jour, elle tombe **amoureuse**...

C'EST LA VIE !

▷ Série *Le journal d'Andromaque*
de Natalie Zimmermann, illustrée par Véronique Deiss

Mimi la fouineuse

Andromaque, **Mimi** pour les intimes, passe son temps à **fouiller** partout... surtout dans le **journal** intime de sa grande **sœur** Roxane. Puisque c'est comme ça, Mimi, elle aussi, va écrire son journal et il sera bien mieux que celui de Roxane !

Le journal d'Andromaque se poursuivra avec **Sorcières, citrouilles et frissons glacés**.

Égoïste
de Erik Poulet-Reney, illustré par Éric Gasté

Hugo ne veut jamais **partager** avec ses **copains** qui le surnomment « **Hugoïste** ». C'est le jour de la sortie de classe et au moment du pique-nique, Hugo ne trouve plus son sac. Adieu délicieux sandwich ! Comment ses copains vont-ils réagir ?

Le goût du ciel
de Gérard Moncomble, illustré par Sébastien Mourrain

Louis et Martha sont très **fiers** de leur petit Jean. C'est un adorable **bébé** joufflu, qui gazouille, gigote et tout et tout. Sauf qu'un jour, hop, il **s'envole** !

Si j'avais un copain grand et fort
de Catherine Missonnier, illustré par Marc Boutavant

David se trouve trop petit, trop maigre et pas assez **courageux**. Difficile de se **défendre** contre les plus forts de la **classe**. À moins d'avoir un **ami** costaud…

fantastique

Le château des enfants gris
de Christian Grenier, illustré par Emmanuelle Houdart

Orphée ne voulait pourtant pas suivre Mic ! Mais sa **curiosité** est plus forte. Au détour d'un lac, Orphée et Mic découvrent un **étrange** château. Deux drôles d'**enfants** y habitent…

▷ Série *Samuel*

Terriblement vert !
de Hubert Ben Kemoun, illustré par François Roca

Oncle Julius a rapporté des **graines** de son dernier voyage aux quatre coins du monde. Mais conserver des graines **exotiques** au réfrigérateur, c'est **risqué**. Surtout quand elles sont rarissimes et qu'elles ressemblent à des bonbons…

▷ Série *Draculivre*
de Éric Sanvoisin, illustrée par Martin Matje

Le buveur d'encre

Tandis qu'Odilon aide son père à la **librairie**, il aperçoit un client à l'air complètement ahuri, qui se livre à un **étrange** manège. On dirait qu'il flotte à dix centimètres du sol, comme un fantôme. Puis, le client inconnu commence à **boire** un **livre** avec une paille !